Dieses Fingerstempel-Buch gehört:

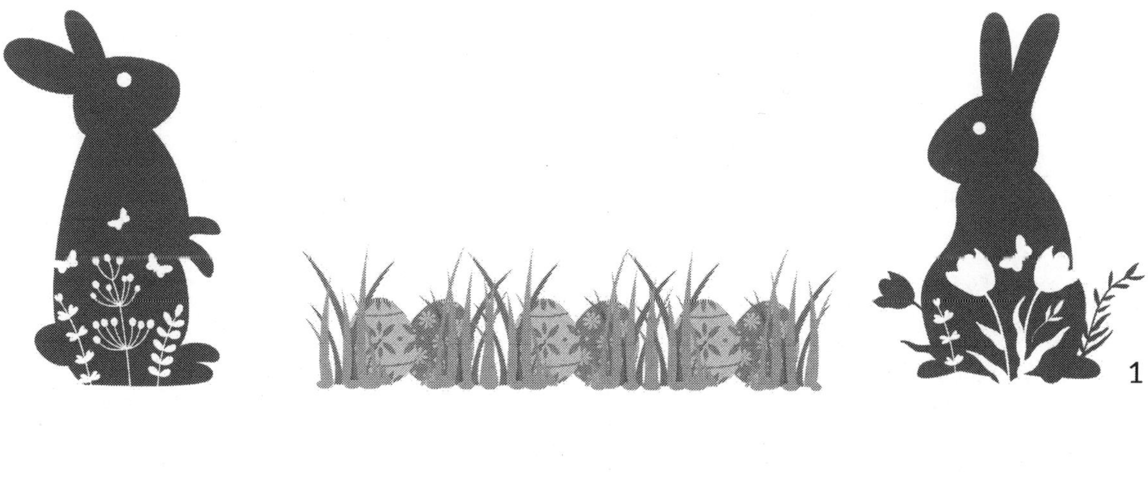

Von Kindern für Kinder

Hallo liebe Eltern!

Vielen Dank für den Kauf dieses Buches.
Wir von Happy Moments Books erstellen Bücher von Kindern für Kinder.

Wie wir das machen?
Alle Kinder in diesem Alter sind unglaublich kreativ
und haben eine fantastische Vorstellungskraft.
Die meisten wissen auch schon sehr genau was ihnen gefällt oder nicht.
Deshalb lassen wir sie selbst Ideen sammeln "Was hätte ich gerne
für ein Buch?" und bei der gesamten Erstellung mitentscheiden
"Welche Tiere sollen in das Buch? Wie sollen diese aussehen?"
So ist der Spass für unsere Kleinen fast schon vorprogrammiert.

Wir hoffen, Sie und ihr Kind haben viel Spass mit diesem Buch,
denn für uns ist nichts wichtiger, als schöne gemeinsame Momente
für uns und unsere Kinder zu erschaffen.

Falls Sie Anregungen oder Fragen haben sollten,
kontaktieren Sie uns gerne per Mail, wir freuen uns darauf!

- Anleitung -

Hallo liebe Kinder,

Ich bin Happy, der Bürohund und das Maskottchen von Happy Moments Books.

Ich erkläre Euch kurz, wie ihr dieses tolle Buch am Besten nutzen könnt:

Damit ihr viel Platz zum Malen und Kleksen habt, ist es am Besten, das Bild an der gestrichelten Linie auszuschneiden. So können die fertigen Bilder auch schön trocknen und ihr könnt schon ein weiteres Bild bemalen.

Nehmt Euch eine abwaschbare Unterlage wie z.B. ein Tischset oder einfach eine alte Zeitung, damit der Tisch beim Malen sauber bleibt.

Und schon kann es los gehen! Nehmt Euch eure Buntstifte und malt alles an, was ihr später nicht bestempeln wollt.

Danach geht es ans Stempeln!

Nehmt Euch Fingerfarbe oder Fingerstempelfarbe und ein Küchentuch um die Finger zwischen den Farben sauber zu machen. Taucht Euren Finger in die Farbe und bestempelt alle Kreise die ihr finden könnt. Viel Spaß dabei!

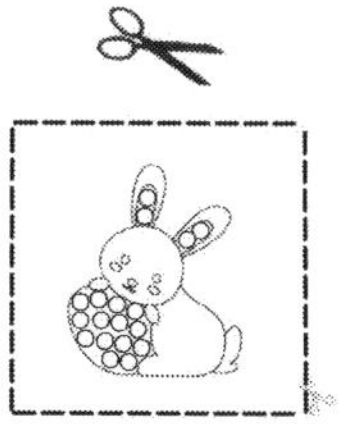

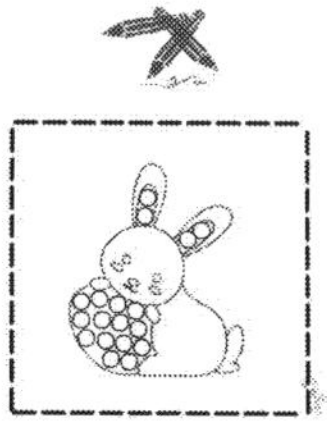

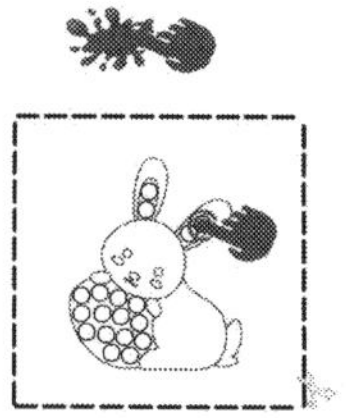

Tipp: Aus Euren fertigen Kunstwerken könnt ihr eine hübsche Osterbild-Girlande basteln, oder Ihr verschenkt Sie zu Ostern in einem hübschen Rahmen an Eure Paten, Oma´s, oder Tanten.

Zusätzliches Suchspiel:

Wir haben Euch im ganzen Heft Ostereier mit Ohren versteckt:

Wieviele Eier mit Ohren findet ihr?

(Lösung auf S. 54)

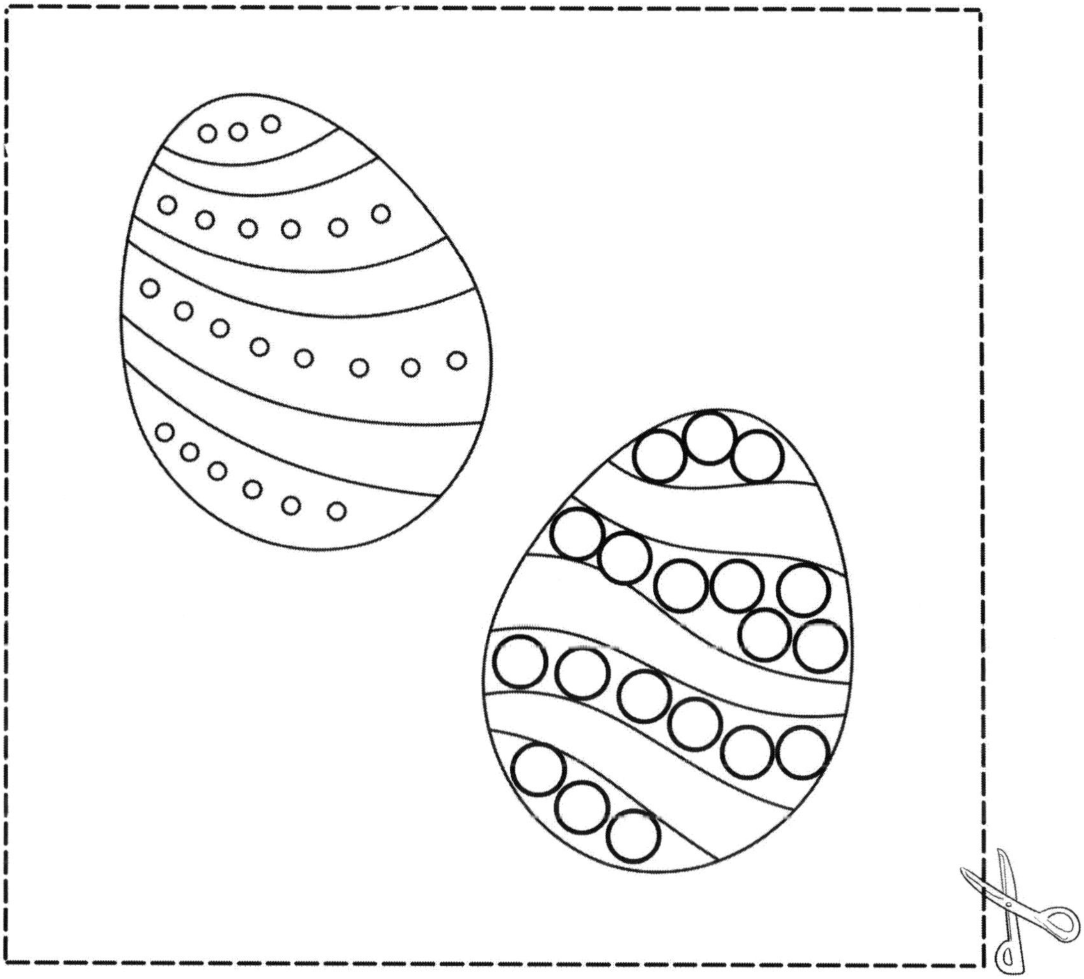

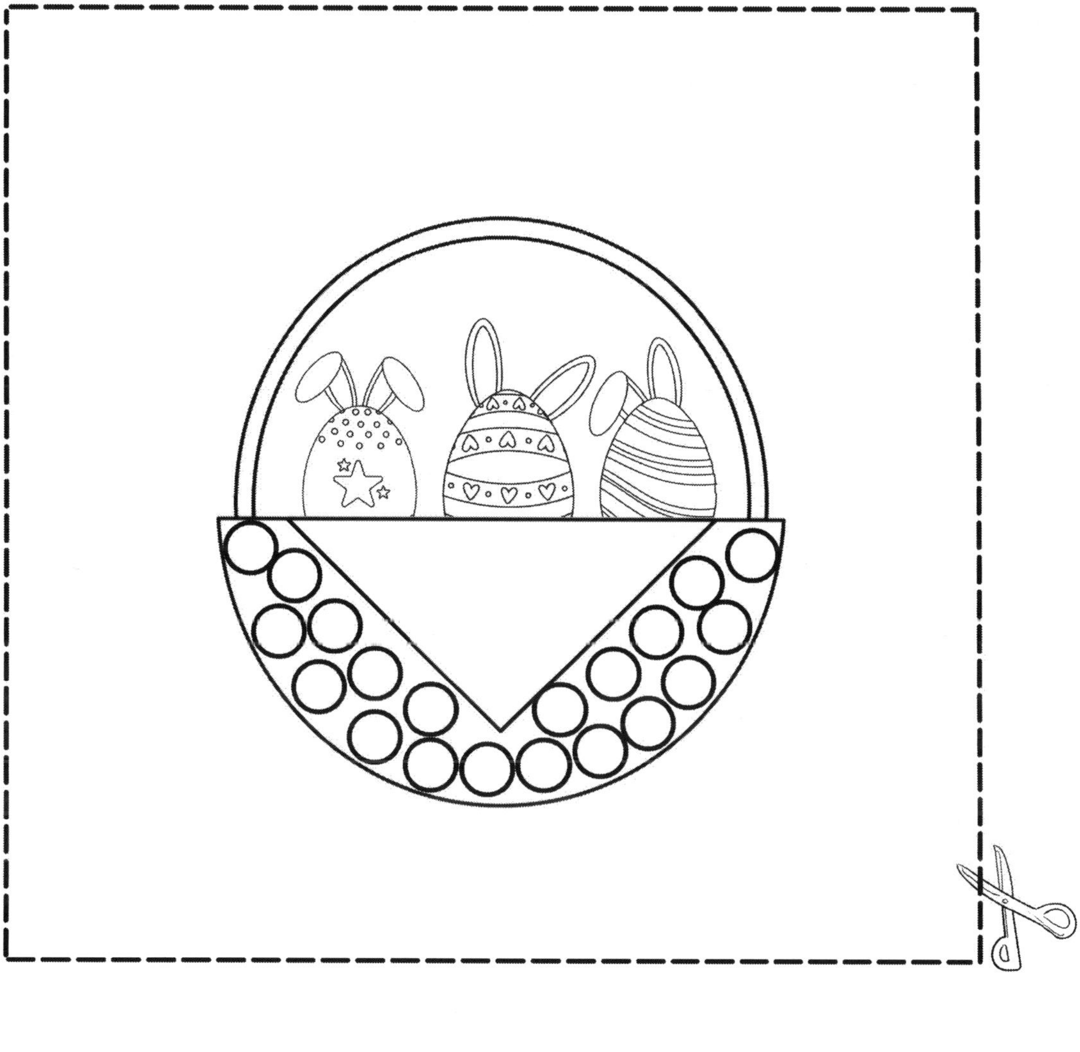

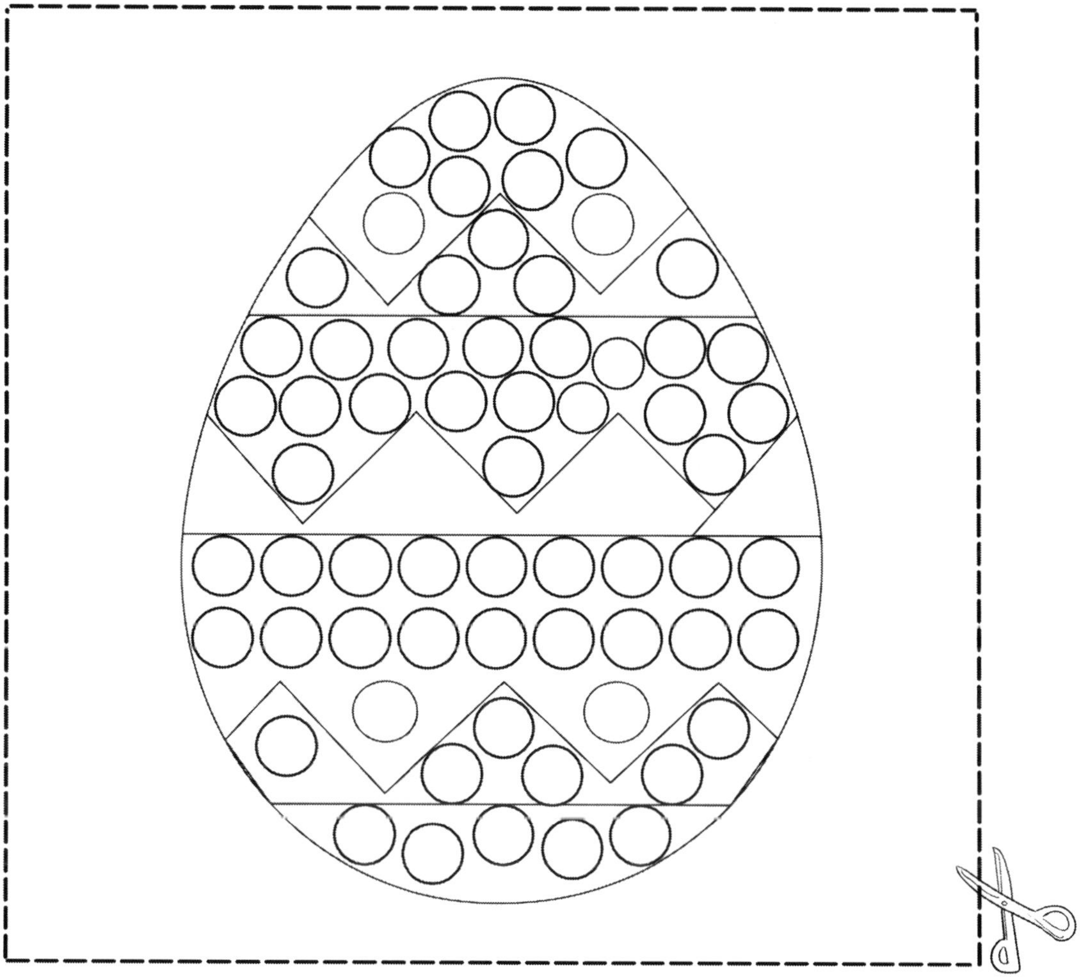

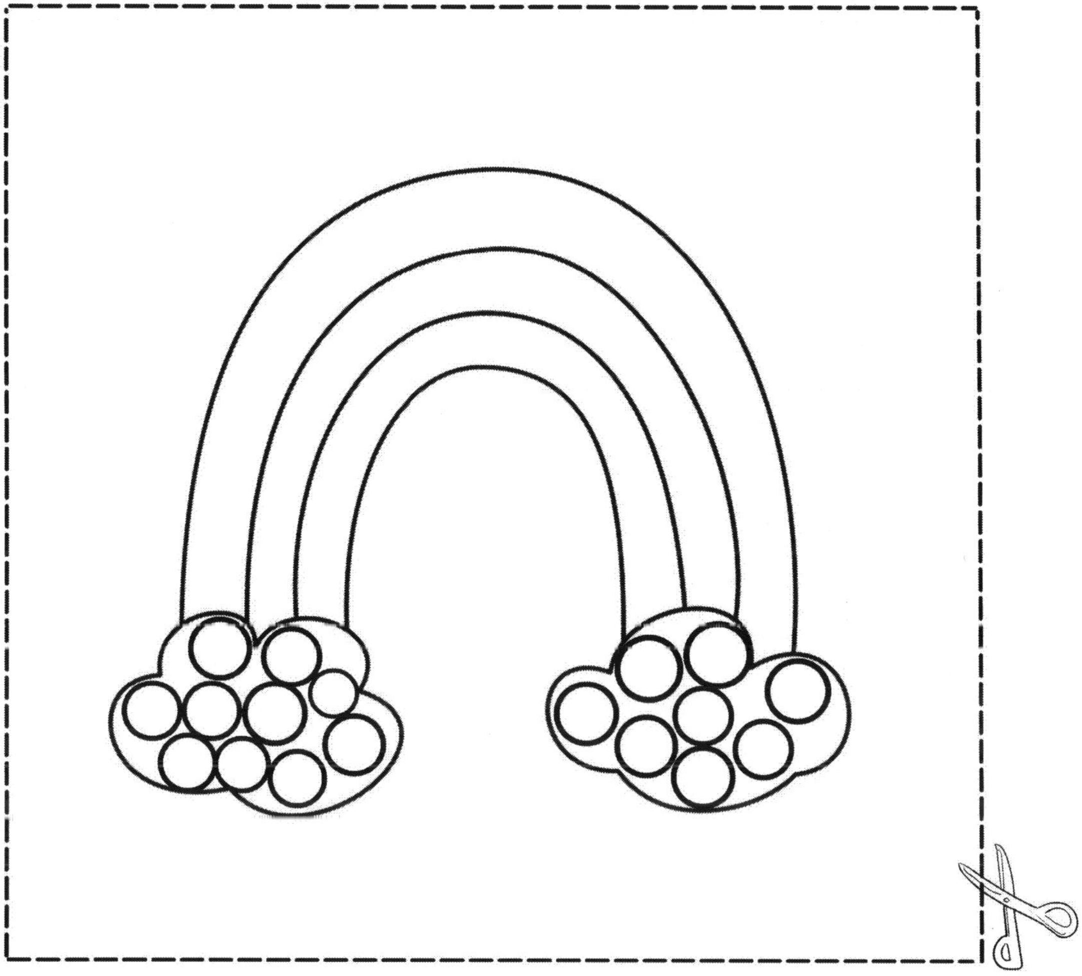

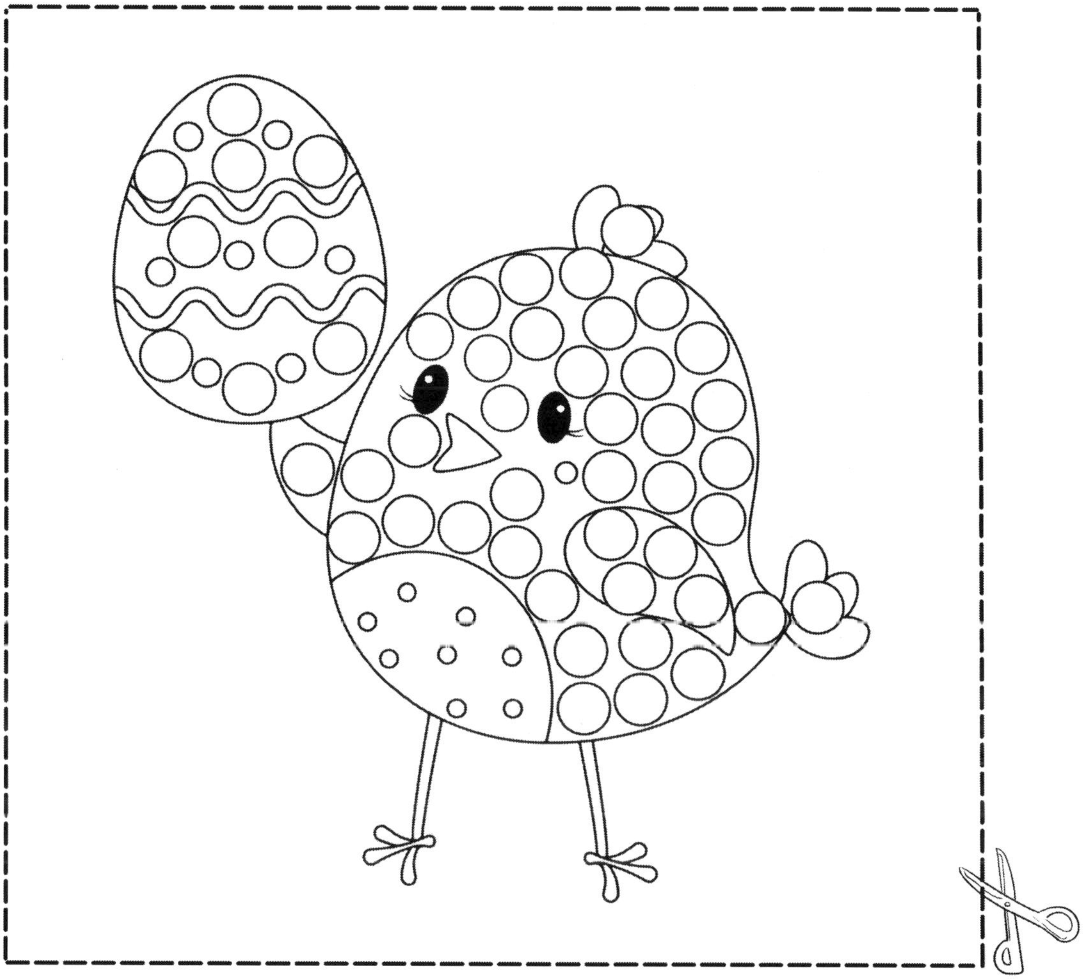

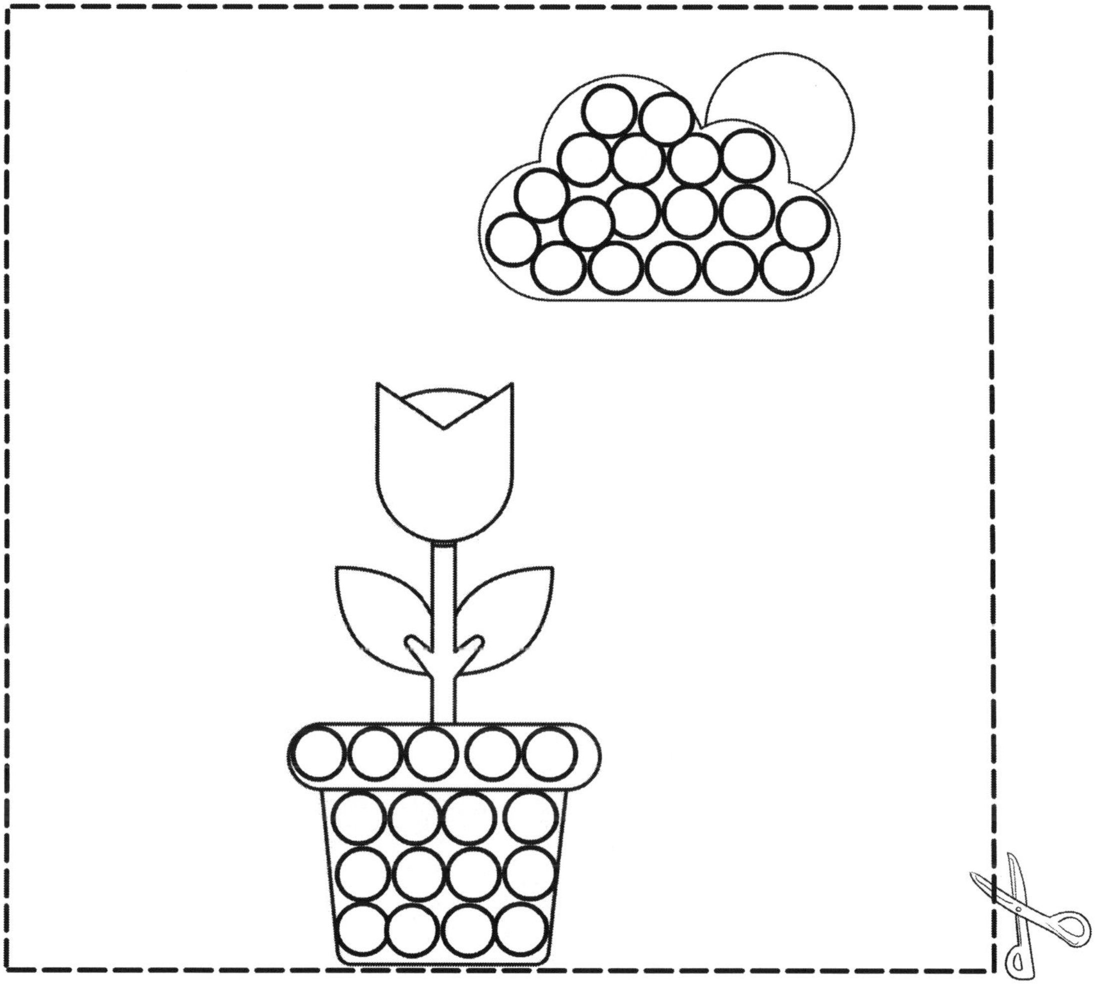

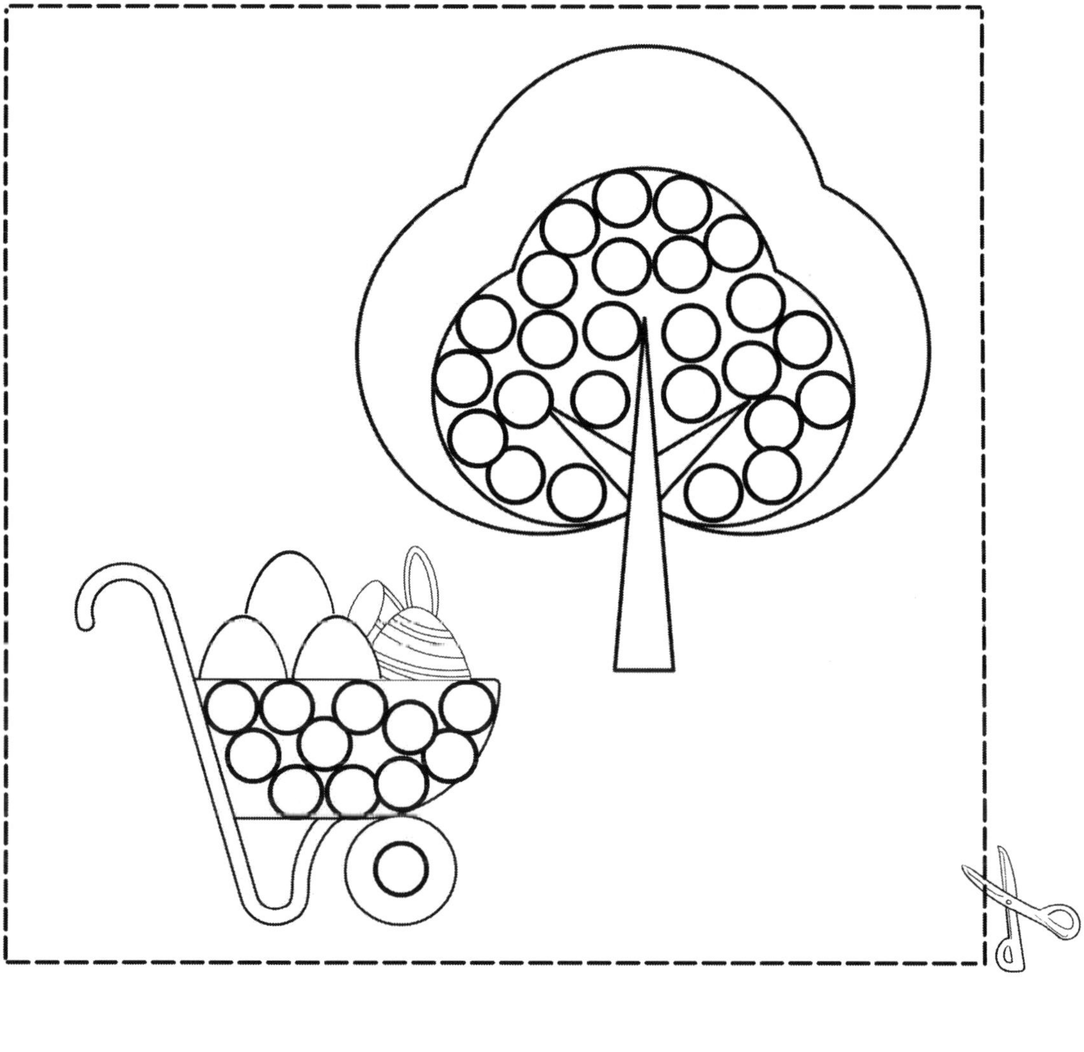

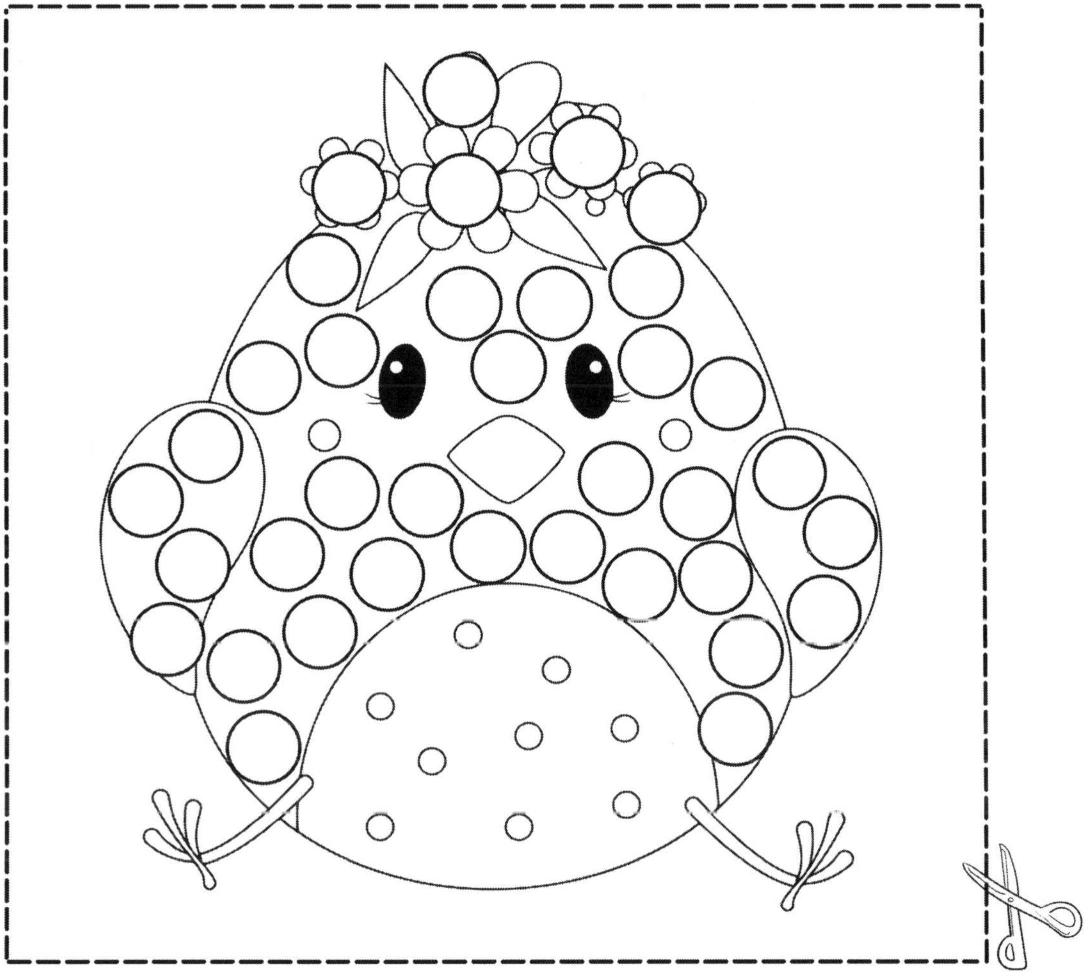

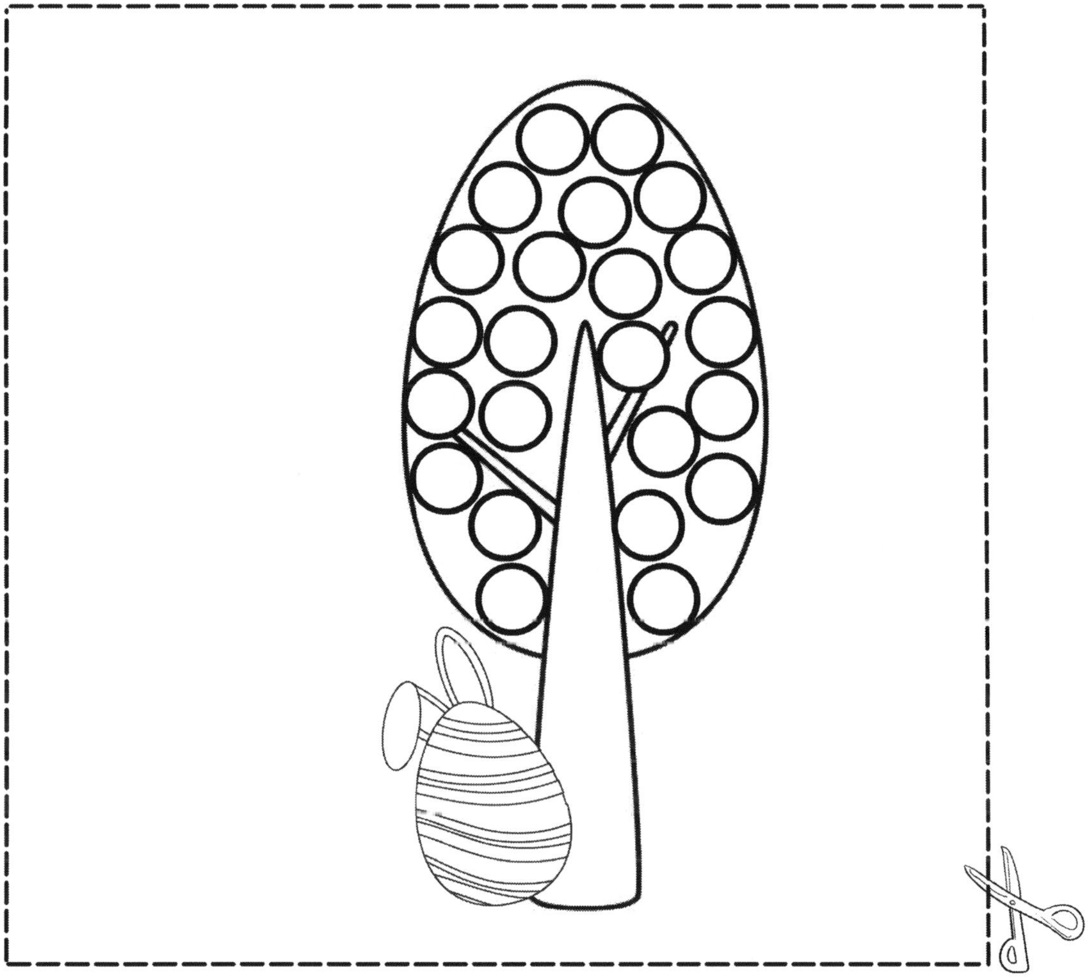

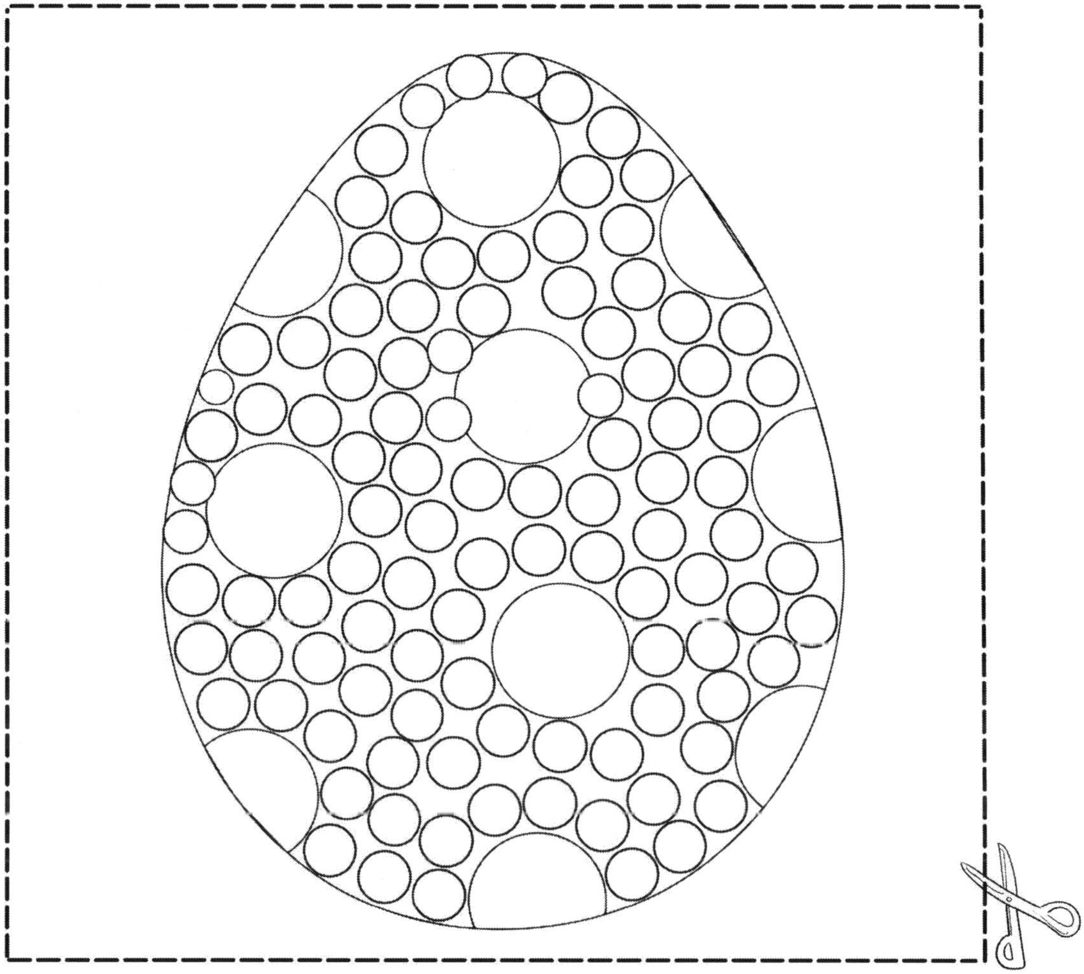

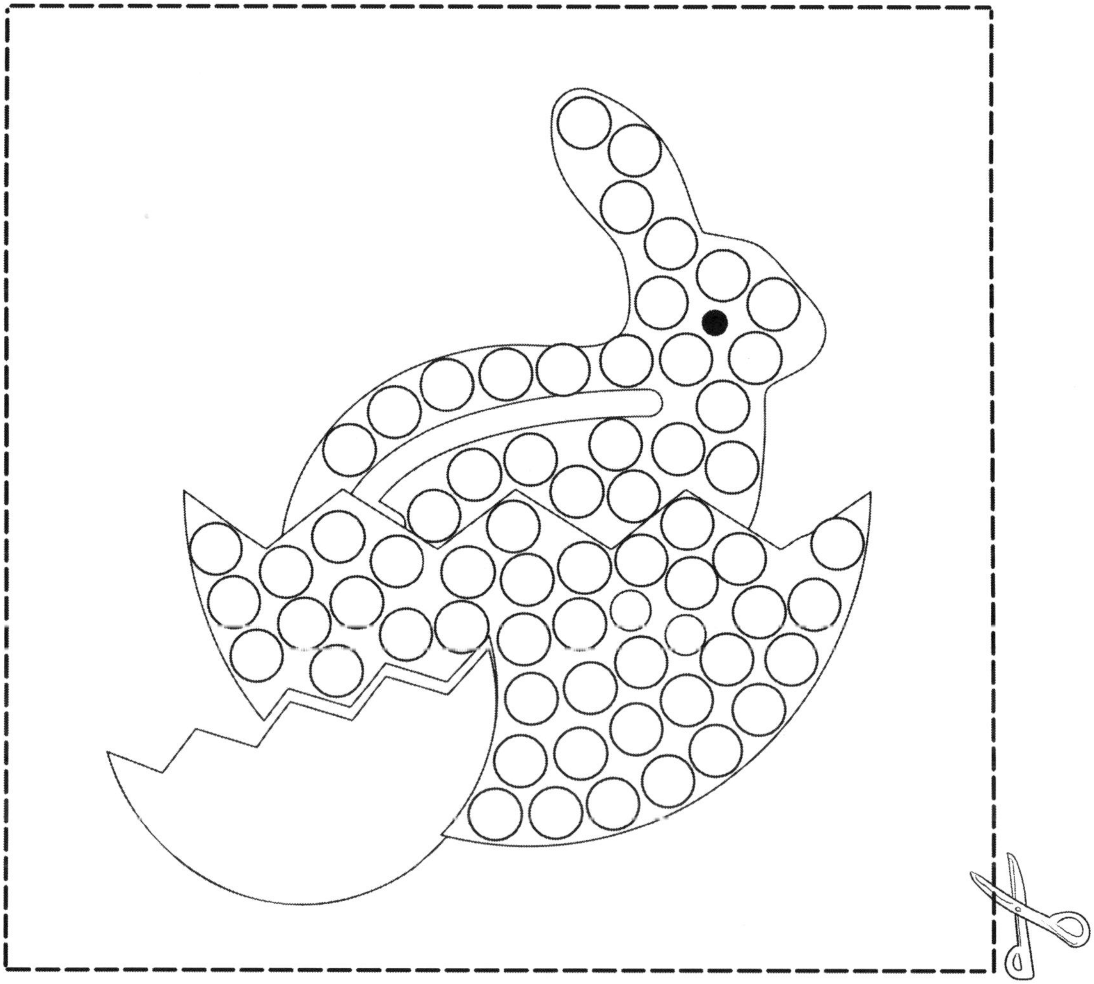

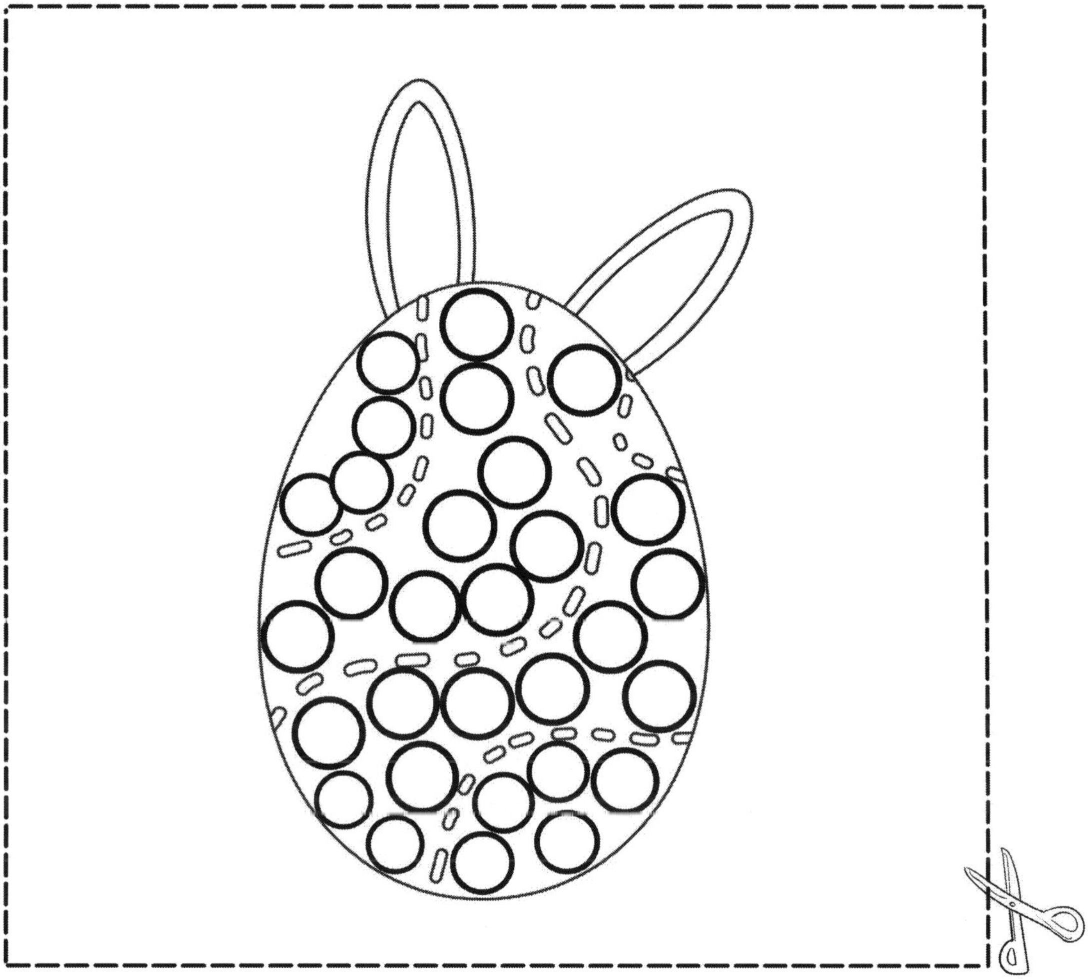

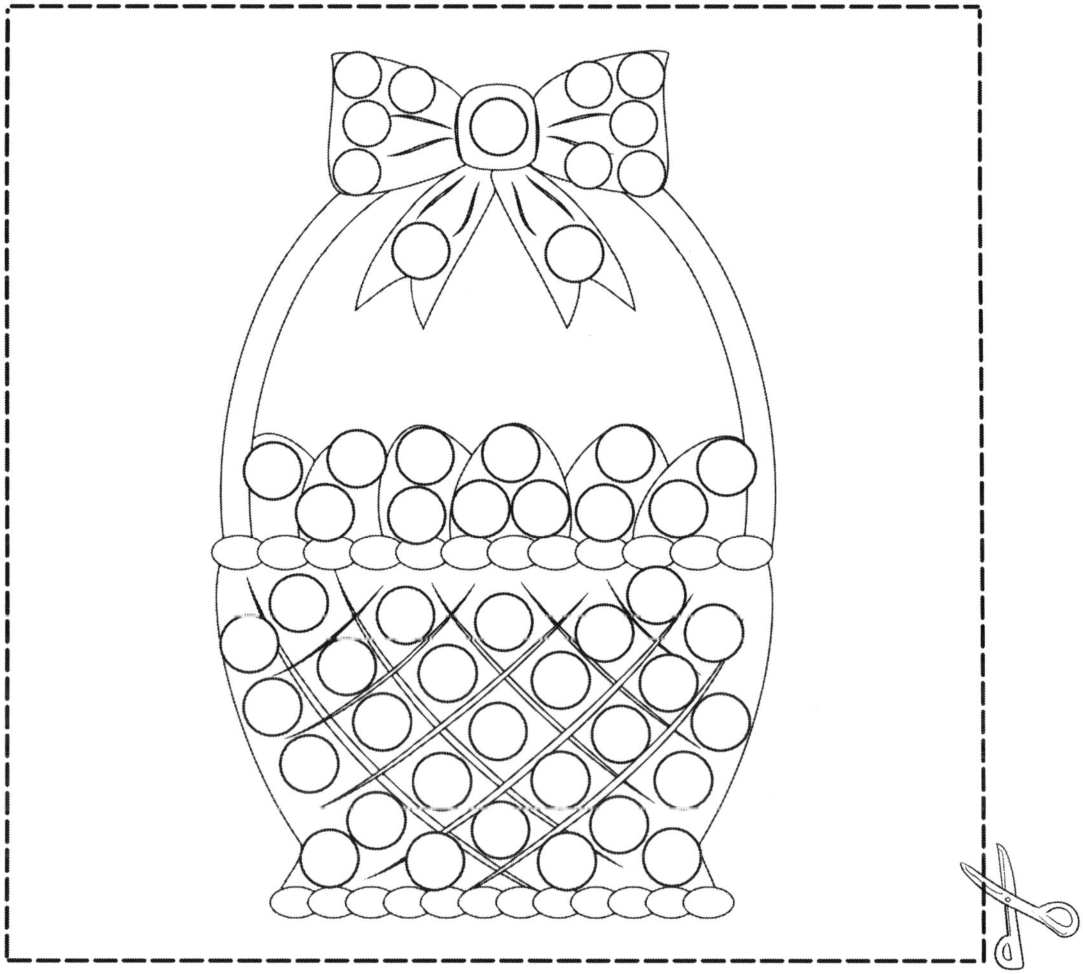

Lösung Osterei-Suchspiel:
Es sind 9 Eier mit Ohren versteckt: Seite 11 - Seite 13 -
- Seite 17 - Seite 23 - Seite 33 - Seite 37 - Seite 43

Happy Moments Books

Elke Kreativ, Linden 259, 78144 Schramberg
E-Mail: elkekreativ@gmail.com

ISBN: 9798387565847
Auflage: 2 - 2024

Printed in Poland
by Amazon Fulfillment
Poland Sp. z o.o., Wrocław

32818160R00031